D1735496

BIBLIO·PHILIA

ISBN 978-3-8157-3494-0

© 2004 Coppenrath Verlag GmbH & Co. KG, Münster
Textsammlung: Katrin Gebhardt
Typographie und grafische Gestaltung:
Albert Bartel, echtwert.de, Münster
Fotos von Petra Zwerenz
Alle Rechte vorbehalten, auch auszugsweise

Printed in China
www.coppenrath.de

Glück

Das höchste Ziel

Wo wohnt das Glück?

Sagt mir doch, ihr ew'gen Sterne,
die ihr schaut mit goldnen Augen
in des Weltalls fernste Tiefen,
die ihr kennt Millionen Welten,
sagt, ihr uralt klugen Sterne,
sagt mir doch, wo wohnt das Glück?!

Doch die Sterne wandeln schweigend
durch das unermessne Weltall
ihren urbestimmten Pfad
und sie funkeln und sie scheinen,
steigen auf und sinken nieder
und sie geben mir nicht Antwort.

Alle können es nicht sagen,
denn so winzig ist sein Wohnort,
dass sie nimmer ihn erblickten,
nimmer, denn es wohnt das Glück
zwischen Werden und Vergehen,
zwischen zweien Augenblicken,
auf der Spitze einer Nadel!

Heinrich Seidel

Wir sind auf Erden
um das Glück zu suchen,
nicht um es zu finden.

Colette

In der Jugend glaubt man
das Glück zwingen zu können.
Später zwingt man sich
an das Glück zu glauben.

Salvatore Quasimodo

Das Glück kann man nicht zwingen,
aber man kann es wenigstens einladen.

Attila Hörbiger

Die meisten Menschen machen das Glück zur Bedingung. Aber das Glück findet sich nur ein, wenn man keine Bedingungen stellt.

Arthur Rubinstein

Die Glücksgüter dieser Welt
wenden sich häufig dem zu,
der sie gar nicht sucht,
während sie den fliehen,
der ihnen nachjagt.

Aus 1001 Nacht

Das Glück ist wie

Wenn wir es jagen,
vermögen wir es nicht zu fangen,
aber wenn wir ganz ruhig innehalten,
dann lässt es sich auf uns nieder.

Nathaniel Hawthorne

ein Schmetterling:

Denn wenn ich auch nicht ganz
bestreiten will, dass es Pechvögel gibt,
so gilt doch vom Glück im Großen
und Ganzen dasselbe wie vom Gold:
Es liegt auf der Straße und der hat's,
der's zu finden und aufzuheben versteht.

Theodor Fontane

Es ist schwer,
das Glück in uns zu finden,
und es ist ganz unmöglich,
es anderswo zu finden.

Chamfort

Durch Sicherheit und solides Einkommen
ließe sich noch lange kein Glück kaufen.

Anton Gill

Geld allein macht nicht glücklich.

Aber es gestattet immerhin, auf

angenehme Weise unglücklich zu sein.

Jean Marais

Unsere Konsum- und Marktwirtschaft beruht auf der Idee, dass man Glück kaufen kann, wie man alles kaufen kann. Und wenn man kein Geld bezahlen muss für etwas, dann kann es einen auch nicht glücklich machen.

Dass Glück aber etwas ganz anderes ist,
was nur aus der eigenen Anstrengung,
aus dem Innern kommt und überhaupt kein
Geld kostet, dass Glück das „Billigste" ist,
was es auf der Welt gibt, das ist den
Menschen noch nicht aufgegangen.

Erich Fromm

Der rastlose Mensch von heute
hat tagsüber keine Zeit,
sich Sorgen zu machen.
Und abends ist er zu müde dazu.
Alles in allem hält er das für Glück.

George Bernard Shaw

Vergiss nicht,

Glück hängt nicht davon ab,

wer du bist oder was du hast;

es hängt nur davon ab,

was du denkst.

Dale Carnegie

Gott, was ist Glück:

eine Grießsuppe, eine Schlafstelle,

keine körperlichen Schmerzen –

das ist schon viel!

Theodor Fontane

Das Glück,

wenn es mir recht ist, liegt in zweierlei:
darin, dass man ganz da steht, wo man
hingehört, und zum Zweiten und Besten,
in einem behaglichen Abwickeln des
ganz Alltäglichen, also darin, dass man
ausgeschlafen hat und dass einen
die neuen Stiefel nicht drücken.

Theodor Fontane

Die wahren Lebenskünstler
sind bereits glücklich,
wenn sie nicht unglücklich sind.

Jean Anouilh

*W*enn jemand sagt:
„Ich bin glücklich", so meint er damit
ganz einfach: „Ich habe zwar Ärger,
aber der lässt mich kalt."

Jules Renard

Das Glück ist im Grunde nichts anderes
als der mutige Wille zu leben, indem man
die Bedingungen des Lebens annimmt.

Maurice Barrès

Das Glück des Lebens besteht
nicht darin, wenig oder keine
Schwierigkeiten zu haben,
sondern sie alle siegreich und
glorreich zu überwinden.

Carl Hilty

Im Überwinden von Schwierigkeiten
wachsen die Kräfte. So muss man leben,
von morgens bis abends: dass die Kräfte
wachsen.

Elisabeth Noelle-Neumann

Irdisches *Glück* heißt:

Das Unglück besucht uns nicht zu regelmäßig.

Karl Gutzkow

Glück im Leben

besteht aus den vielen Dingen,

die einem nicht zugestoßen sind.

Paul Hörbiger

Möglichst viel Glück, sagt man. Aber wie, wenn die höchste Glücksempfindung einen Menschen voraussetzte, der auch Allertiefstes gelitten haben muss? Wenn Glücksgefühl überhaupt erst möglich wäre in einem durch Lust und Unlust gereiften Herzen? Wer möglichst viel Glücksmöglichkeiten fordert, muss auch möglichst viel Unglück fordern, oder er negiert ihre Grundbedingungen.

Christian Morgenstern

*K*ein Mensch
kann wunschlos glücklich sein,
denn das Glück besteht ja gerade
im Wünschen.

Attila Hörbiger

*E*inen ewigen Fehler
machen alle jene Menschen,
die sich unter Glückseligkeit
die Erfüllung ihrer Wünsche
vorstellen.

Leo N. Tolstoi

Es gibt keinen starken Wunsch,
für den man nicht zahlen muss.
Doch sein höchster Preis ist,
dass er in Erfüllung geht.

Elias Canetti

Alles,

was der Glückliche wünscht,

ist geboren zu sein.

Sprichwort aus Wales

Das Leben,

es mag sein, wie es will, ist ein Glück,

das von keinem andern übertroffen wird.

Leo N. Tolstoi

Wem es nicht ein Bedürfnis ist,
glücklich zu sein,
der wird es niemals werden.

Karl Gutzkow

Das Glück beruht oft
nur auf dem Entschluss,
glücklich zu sein.

Lawrence George Durrell

Des Menschen Glück

ist nicht an seine Kraft, sondern
an seine Laune geknüpft.

Friedrich Hebbel

Das Glück kann nicht wie ein mathematischer Lehrsatz bewiesen werden; es muss empfunden werden, wenn es da sein soll.

Heinrich von Kleist

Glücklich wird der Mensch durch die Bestätigung seiner eigenen Kräfte, wenn er sich selbst aktiv in der Welt erlebt. Es lässt sich zeigen, dass das Glück für den Menschen in der Liebe zum Leben liegt.

Erich Fromm

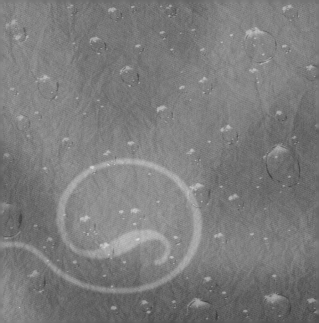

Die Welt und das Leben zu lieben,
auch unter Qualen zu lieben,
jedem Sonnenstrahl dankbar
offenzustehen und auch im Leid
das Lächeln nicht ganz zu verlernen.

Hermann Hesse

Es ist eine der seltsamen Erfahrungen,
dass der Mensch, wie immer sein Leben
sein mag, Momente der Glückseligkeit hat;
es lässt sich immer ein Vergleich ziehen
mit noch schlechteren Zeiten.

Graham Greene

Man kann nicht verlangen,
dass einem das Glück fix und fertig
ins Haus geliefert wird.

John Knittel

Das Leben ist wohl ähnlich
wie Hochseefischen.
Wir wachen am Morgen auf,
werfen unsere Netze aus
und wenn wir Glück haben,
ist uns am Abend ein kleiner
Fisch ins Netz gegangen –
vielleicht auch zwei.

Douglas Coupland

Genieß die Gegenwart mit frohem Sinn,

sorglos, was dir die Zukunft bringen werde.

Doch nimm auch bittern Kelch mit Lächeln hin –

vollkommen ist kein Glück auf dieser Erde.

Horaz

Dass andere Leute kein Glück haben,
finden wir sehr leicht natürlich, dass wir
selbst keins haben, immer unfassbar.

Marie von Ebner-Eschenbach

Man will nicht nur glücklich sein,
sondern glücklicher als die anderen.
Und das ist deshalb so schwer,
weil wir die anderen für glücklicher
halten, als sie sind.

Charles de Montesquieu

Glück ist ein Maßanzug.
Unglücklich sind meist die,
die den Maßanzug
eines anderen tragen möchten.

Karl Böhm

Die meisten Menschen
sind unglücklich, weil sie,
wenn sie glücklich sind,
noch glücklicher werden wollen.

Ingrid Bergmann

Glück heißt

seine Grenzen kennen und sie lieben.

Romain Rolland

Das Glück besteht nicht darin,
dass du tun kannst, was du willst,
sondern darin, dass du immer willst,
was du tust.

Leo N. Tolstoi

Glücklich

ist derjenige, welcher sein Dasein
seinem besonderen Charakter, Wollen
und Willkür angemessen hat und so
in seinem Dasein sich selbst genießt.

Georg Wilhelm Friedrich Hegel

Glücklich ist,
wer alles hat,
was er will.

Aurelius Augustinus

Vergiss nicht –

man braucht nur wenig

um ein glückliches Leben zu führen.

Marc Aurel

Am reichsten sind die Menschen,
die auf das meiste verzichten können.

Rabindranath Tagore

❦

Es ist ein ungeheures Glück,
wenn man fähig ist sich freuen zu können.

George Bernard Shaw

Es gibt im Leben zwei Dinge,
die wichtig sind: erstens, das zu bekommen,
was man will, und zweitens, sich dann
daran zu erfreuen.

Logan Pearsall Smith

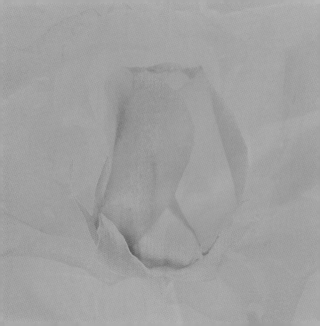

Das vollkommene Glück

ist nicht nur ein Gefühl oder ein Zustand,

den wir in der Zukunft erreichen wollen,

es ist vielmehr die Vorstellung von einer

Harmonie, die tief in uns selbst lebt und die

wir schon im Mutterleib erfahren haben.

Yehudi Menuhin

Glück besteht darin,
glücklich zu sein,
und nicht etwa darin,
den anderen glauben
zu lassen, dass man
es ist.

Jules Renard

Bei dem ewigen Beweisen und Folgern
verlernt das Herz fast zu fühlen; und doch
wohnt das Glück nur im Herzen, nur im
Gefühl, nur im Kopfe, nicht im Verstande.

Heinrich von Kleist

Haben die wirklichen Dinge
oder die eingebildeten Dinge
mehr zum menschlichen Glück
beigetragen?

Friedrich Nietzsche

Im Reich der Wirklichkeit
ist man nie so glücklich
wie im Reich der Gedanken.

Arthur Schopenhauer

*W*as vergänglich ist und dem Zufall unterworfen, kann nie Quelle des Glücks sein; man darf das Glück, wenn es von Dauer sein soll, nicht mit dem notwendigerweise flüchtigen Vergnügen verwechseln. Wir müssen also das Glück in den unzerstörbaren Dingen suchen.

Sully Prudhomme

Das Glück liegt in uns,

François de La Rochefoucauld

Glück ist für mich
die Freude am eigenen Leben.
Und zwar auf lange Sicht.
Je lieber jemand so lebt, wie er lebt,
desto glücklicher ist er.

Ruut Veenhoven

nicht in den Dingen.

Glück ist kein Geschenk
der Götter – es ist die Frucht
einer inneren Einstellung.

Erich Fromm

Denn man ist glücklich,
wenn man mit sich selbst,
seinem Herzen und seinem
Gewissen zufrieden ist.

August Strindberg

Und ich sah bald aus meiner eigenen Erfahrung, dass die Quelle des wahren Glücks in uns selbst liegt und dass es nicht in der Menschen Gewalt steht, den, der es versteht, glücklich sein zu wollen, wahrhaft elend zu machen.

Jean-Jacques Rousseau

Jeder hat sein eigen Glück
unter den Händen, wie der Künstler
eine rohe Materie, die er zu einer Gestalt
umbilden will. Aber es ist mit dieser Kunst
wie mit allen; nur die Fähigkeit wird uns
angeboren, sie will gelernt und sorgfältig
ausgeübt sein.

Johann Wolfgang von Goethe

Wie viele Freuden
werden zertreten, weil die Menschen
meist nur in die Höhe gucken und,
was zu ihren Füßen liegt, nicht achten.

Katharina Elisabeth Goethe

Das Glück deines Lebens wird bestimmt
von der Beschaffenheit deiner Gedanken.
In jeder Minute, die man mit Ärger verbringt,
versäumt man sechzig glückliche Sekunden.

William Somerset Maugham

Keiner, der nichts mit seinem Glück
anzufangen weiß, darf sich beklagen,
wenn es ihn im Stich lässt.

Miguel de Cervantes Saavedra

Der Anspruch auf einen Platz
an der Sonne ist bekannt.
Weniger bekannt ist, dass sie untergeht,
sobald er errungen ist.

Karl Kraus

Ewiger Sonnenschein
schafft eine Wüste.

Arabisches Sprichwort

Glück ist nicht eine Station,
bei der man ankommt,
sondern eine Art zu reisen.

Margaret Lee Runbeck

Mit dem Leben ist es wie
mit einem Theaterstück.
Es kommt nicht darauf an,
wie lang es ist, sondern wie

bunt.

Lucius Annaeus Seneca

Zeit

Ludwig Tieck

So wandelt sie im ewig gleichen Kreise,
die Zeit, nach ihrer alten Weise,
auf ihrem Wege taub und blind,
das unbefangene Menschenkind
erwartet stets vom nächsten Augenblick
ein unverhofftes, seltsam neues Glück.
Die Sonne geht und kehret wieder,
kommt Mond und sinkt die Nacht hernieder,
die Stunden die Wochen abwärts leiten,
die Wochen bringen die Jahreszeiten.
Von außen nichts sich je erneut,
in dir trägst du die wechselnde Zeit,
in dir nur Glück und Begebenheit.

Glück ist
Scharfsinn für Gelegenheiten
und die Fähigkeit, sie zu nutzen.

Samuel Goldwyn

*A*us dem Zusammentreffen
von Vorbereitung und Gelegenheit
entsteht das, was wir Glück nennen.

Anthony Robbins

Was ist Glück?

Übereinstimmung eines Charakters
mit seinem Schicksale.
So kann es von der Natur gegeben,
vom Geiste geschaffen werden.

Ernst von Feuchtersleben

Die Kraft zu lieben,
die Gesundheit, sich, das Leben,
Freundschaft und Geist zu genießen
und zu erwidern, ist der Zauber,
der alles bezwingt.

Ludwig Tieck

In den meisten Fällen ist Glück
kein Geschenk, sondern ein Darlehen.

Albrecht Goes

Oft habe ich mich zurückgelehnt und mir vorgenommen: Merke dir diesen Augenblick, vergiss ihn nicht. Denn in ihm bist du glücklich und froh. Es wird nicht immer so sein, also genieße ihn, solange er da ist, erinnere dich seiner und sei dankbar.

Ralph Richmond

Glück gleicht
durch Höhe aus,
was ihm
an Länge fehlt.

Robert Lee Frost

Es genügt nicht, Glück zu haben;
man muss es auch zu meistern wissen.

Anonym

Tue das,
wodurch du würdig bist
glücklich zu sein.

Immanuel Kant

*K*einen verderben lassen,
auch nicht sich selber,
jeden mit Glück erfüllen,
auch sich. Das ist gut.

Bertolt Brecht

$\mathcal{E}$s wird keinen Frieden, keine Ruhe, keine Freude für die Menschheit geben, wenn wir nicht zurückfinden zu den ewigen, unverfänglichen Gütern, auf denen allein das Glück der Menschen auf- gerichtet werden kann. Schrankenlose, hemmungslose Ichsucht, Sucht nach Betrieb

...und Genuss bringen kein Glück. Verinnerlichung, Besinnung auf sich selbst, Arbeit und Sorge für andere und für das Gemeinsame, das ist, was uns Not tut und was uns glücklich macht.

Konrad Adenauer

Vor der Tür jedes glücklichen Menschen sollte jemand mit einem Hämmerchen stehen und mit seinem Klopfen daran erinnern, dass es auch Unglückliche gibt.

Wladimir Tendrjakow

Erst wenn jeder

nicht nach irdischem Glück trachtet,
sondern geistiges Glück erstrebt,
das immer Opfer bedeutet und durch
Opfer geprüft wird, erst dann ist das
größte Glück aller gewährleistet.

Leo N. Tolstoi

Glück ist,

seine Freude in der Freude
des anderen finden.

Georges Bernanos

*N*icht wie glücklich man lebt,
ist entscheidend, sondern wie beglückend.

Curt Goetz

Man muss sein Glück teilen
um es zu multiplizieren.

Marie von Ebner-Eschenbach

Denn das Glück
ist wohl hauptsächlich Frieden.
Weniger Arbeit und weniger Luxus.

August Strindberg

Der *Frieden* mit anderen ist das Glück
in seiner höchsten Vollendung.

Norbert Blüm

Das höchste Glück des Menschen
ist die Befreiung von der Furcht.

Walter Rathenau

Ein *Herz* muss dann und wann
an seinem Glück sich laben,
es muss der Liebe viel und etwas
Frohsinn haben.

Carl Spitteler

Glück

Glück ist gar nicht mal so selten,
Glück wird überall beschert,
vieles kann als Glück uns gelten,
was das Leben uns so lehrt.

Glück ist jeder neue Morgen,
Glück ist bunte Blumenpracht,
Glück sind Tage ohne Sorgen,
Glück ist, wenn man fröhlich lacht.

Glück ist eine stille Stunde,
Glück ist auch ein gutes Buch,
Glück ist Spaß in froher Runde,
Glück ist freundlicher Besuch.

Glück ist niemals ortsgebunden,
Glück kennt keine Jahreszeit,
Glück hat immer der gefunden,
der sich seines Lebens freut.

Clemens Brentano

Erst die Erinnerung muss uns offenbaren

den Segen, den uns das Geschick verlieh.

Wir wissen stets nur, dass wir glücklich waren;

doch wann wir glücklich sind, wir wissen's nie.

Anonym

Verzeichnis der Autoren

Adenauer, Konrad (1876–1967), deutscher Politiker

Anouilh, Jean (1910–1987), französischer Dramatiker

Augustinus, Aurelius (354–430), lateinischer Kirchenlehrer

Barrès, Maurice (1862–1923), französischer Schriftsteller

Bergmann, Ingrid (1915–1982), schwedische Schauspielerin

Bernanos, Georges (1888–1948), französischer Schriftsteller

Blüm, Norbert (*1935), deutscher Politiker

Böhm, Karl (1894–1981), österreichischer Dirigent

Brecht, Bertolt (1898–1956), deutscher Schriftsteller und Regisseur

Brentano, Clemens (1778–1842), deutscher Dichter

Canetti, Elias (1905–1994), sephardischer Schriftsteller bulgarischer Herkunft

Carnegie, Dale (1888–1955), US-amerikanischer Psychologe und Schriftsteller

Cervantes Saavedra, Miguel de (1547–1616), spanischer Dichter

Chamfort (1741–1794), französischer Schriftsteller

Colette (1873–1954), französische Schriftstellerin

Coupland, Douglas (*1961), kanadischer Schriftsteller

Durrell, Lawrence George (1912–1990), britischer Schriftsteller

Ebner-Eschenbach, Marie von (1830–1916), österreichische Schriftstellerin

Feuchtersleben, Ernst von (1806–1849), österreichischer Schriftsteller

Fontane, Theodor (1819–1898), deutscher Schriftsteller

Fromm, Erich (1900–1980), US-amerikanischer Psychoanalytiker deutscher Herkunft

Frost, Robert Lee (1875–1963), US-amerikanischer Lyriker

Gill, Anton (*1948), britischer Schriftsteller

Goes, Albrecht (1908–2000), deutscher Schriftsteller

Goethe, Johann Wolfgang von (1749–1832), deutscher Dichter

Goethe, Katharina Elisabeth (1731–1808), Mutter von Johann Wolfgang von Goethe

Goetz, Curt (1888–1960), deutscher Schriftsteller

Goldwyn, Samuel (1882–1974), US-amerikanischer Filmproduzent

Greene, Graham (1904–1991), britischer Schriftsteller

Gutzkow, Karl (1811–1878), deutscher Schriftsteller

Hawthorne, Nathaniel (1804–1864), US-amerikanischer Erzähler

Hebbel, Friedrich (1813–1863), deutscher Dichter

Hegel, Georg Wilhelm Friedrich (1770–1831), deutscher Philosoph

Hesse, Hermann (1877–1962), deutscher Schriftsteller

Hilty, Carl (1833–1909), schweizerischer Jurist und Philosoph

Hörbiger, Attila (1896–1987), österreichischer Schauspieler

Hörbiger, Paul (1894–1981), österreichischer Schauspieler

Horaz (65–8 v. Chr.), römischer Dichter

Kant, Immanuel (1724–1804), deutscher Philosoph

Kleist, Heinrich von (1777–1811), deutscher Dichter und Dramatiker

Knittel, John (1891–1970), schweizerischer Schriftsteller

Kraus, Karl (1874–1936), österreichischer Schriftsteller

La Rochefoucauld, François de (1613–1680), französischer
Schriftsteller

Marais, Jean (1913–1998), französischer Filmschauspieler

Marc Aurel (121–180), römischer Kaiser

Maugham, William Somerset (1874–1965), englischer Schriftsteller

Menuhin, Yehudi (1916–1999), US-amerikanisch-britischer Dirigent

Montesquieu, Charles de (1689–1755), französischer Schriftsteller
und Philosoph

Nietzsche, Friedrich (1844–1900), deutscher Philosoph und Dichter

Noelle-Neumann, Elisabeth (*1916), deutsche Sozialforscherin

Quasimodo, Salvatore (1901–1968), italienischer Lyriker, Essayist und Übersetzer

Rathenau, Walter (1867–1922), deutscher Politiker

Renard, Jules (1864–1910), französischer Schriftsteller

Richmond, Ralph (20. Jh.) , US-amerikanischer Schauspieler

Robbins, Anthony (*1960), US-amerikanischer Unternehmer

Rolland, Romain (1866–1944), französischer Schriftsteller

Rousseau, Jean-Jacques (1712–1778), französischer Philosoph und Schriftsteller

Rubinstein, Arthur (1889–1982), US-amerikanischer Pianist und Komponist polnischer Herkunft

Runbeck, Margaret Lee (1905–1956), US-amerikanische Schriftstellerin

Schopenhauer, Arthur (1788–1860), deutscher Philosoph

Seidel, Heinrich (1842–1906), deutscher Schriftsteller

Seneca, Lucius Annaeus (um 4 v. Chr.–65 n. Chr.), römischer Dichter und Philosoph

Shaw, George Bernard (1856–1950), anglo-irischer Dramatiker

Smith, Logan Pearsall (1865–1946), US-amerikanischer Schriftsteller

Spitteler, Carl (1825–1924), schweizerischer Schriftsteller

Strindberg, August (1849–1912), schwedischer Schriftsteller

Sully Prudhomme (1839–1907), französischer Dichter

Tagore, Rabindranath (1861–1941), indischer Dichter und Philosoph

Tendrjakow, Wladimir (1923–1984), russischer Schriftsteller

Tieck, Ludwig (1773–1853), deutscher Dichter und Dramatiker

Tolstoi, Leo N. (1828–1910), russischer Dichter und Philosoph

Veenhoven, Ruut (*1942), niederländischer Psychologe und Glücksforscher

BIBLIO · PHILIA

In der gleichen Reihe erschienen:

Liebe
Poesie der Sinne
ISBN 978-3-8157-2623-5

Lebenskunst
Quelle des Glücks
ISBN 978-3-8157-2624-2

Dankeschön
Von ganzem Herzen
ISBN 978-3-8157-2625-9

Engel
Boten der Liebe
ISBN 978-3-8157-2626-6

Großmutter
Herz der Familie
ISBN 978-3-8157-2627-3

Weisheiten
Von Frau zu Frau
ISBN 978-3-8157-2628-0

Mutter
Einfach die Beste
ISBN 978-3-8157-2757-7

Katzen
Geliebte Stubentiger
ISBN 978-3-8157-2759-1

Geburtstag
Ein Grund zum Feiern
ISBN 978-3-8157-3093-5

Träume
Vom Wünschen und Hoffen
ISBN 978-3-8157-3094-2

Garten
Oase des Glücks
ISBN 978-3-8157-3430-8

PowerFrau
Mit Geist und Charme
ISBN 978-3-8157-3431-5

Zuversicht
Der Blick nach vorn
ISBN 978-3-8157-3432-2

Kribbel, krabbel, Mäuschen
Kinderreime für junge Eltern
ISBN 978-3-8157-3433-9

Lebenslust
Positiv denken
ISBN 978-3-8157-3492-6

Harmonie
Fernöstliche Weisheiten
ISBN 978-3-8157-3495-7

Gesundheit
Ein kostbares Gut
ISBN 978-3-8157-3493-3